AF267502

QUELQUES PAGES

AU C^{EN}. PELLISSIER,

Député des Bouches-du-Rhône, en réponse aux deux mots qu'il m'a adressés ;

PAR RABAUT LE JEUNE, DÉPUTÉ DU GARD.

La calomnie ? Ah! je vois bien que vous êtes élève de don Basile.

Pour donner de la publicité au pamphlet du citoyen Pellissier nous l'insérons avant notre réponse.

PAMPHLET

Du Citoyen PELLISSIER,

DÉPUTÉ AU CONSEIL DES CINQ-CENTS

Par le département des Bouches-du-Rhône.

Suum cuique.

VOUS avez donc résolu, citoyen Rabaut, d'appeler sur nous, d'époque en époque, l'attention publique. Que béni soit le fruit d'un si tendre intérêt ! il nous fournira à tous les deux un plaisir bien doux : à vous qui vous êtes fait un devoir de secourir les *opprimés*, l'obligation de mettre ce petit mot dans votre feuille ; et à moi, que vous diffamâtes il y a près d'un an comme administrateur du département des Bouches-

A

du-Rhône, et que vous attaquez aujourd'hui comme représentant du peuple, l'avantage bien précieux de vous répondre. Je serai court: nous devons l'un et l'autre notre temps à la patrie.

Pour bien finir, il faut, dit-on, bien coommencer. Or il est bon qu'on sache que quelques mois après le 18 fructidor, le représentant Rabaut, tout émerveillé sans doute de cette journée, et nous prenant pour des royalistes ou des chouans, demanda au Directoire la destitution de l'administration centrale dont j'étois membre. Il fit cette réclamation par un libelle qui circula avec profusion dans nos quartiers, qui renfla prodigieusement les espérances du parti vaincu et qui étoit écrit d'un ton si *acerbe*, que dans tout autre temps il auroit bien pu enhardir à quelque essai d'assassinat sur notre chétive personne. Nous répondîmes comme nous le devions à cette injuste attaque. Le Directoire, de son côté, vit bien que le citoyen Rabaut s'étoit trompé en nous prenant pour des administrateurs non épurés : il ne fit cas de ses pathétiques exhortations. Nous continuâmes donc notre carrière administrative jusqu'à ce que le vœu du peuple nous eût appelés à la représentation nationale.

Revêtus du même caractère que le citoyen Rabaut, il était naturel de penser qu'il aurait pour ses nouveaux collègues les égards qu'on se doit mutuellement, et bornerait sa surveillance à son propre département. *Suum cuique*. Mais son zèle l'emporte, et dans son numéro 18, il nous adresse quelques réflexions qui, sous le masque du septicisme & de la modération, n'en sont pas moins injurieuses à la députation des Bouches-du Rhône, qu'au Directoire dont elles dénigrent les agens, & au peuple dont elles calomnient les élus. Après avoir parlé de quelques excès commis dans un de nos cantons, il dit : *Sans doute que les députés de ce département ignorent les excès qu'on y exerce et quels hommes on a appelés aux fonctions publiques.*

Oui, citoyen collègue, je vous déclare que la première nouvelle de ce prétendu désordre nous est parvenue par votre feuille du *Bon Citoyen* : & quant aux fonctionnaires publics à présent en exercice, il est bon que vous sachiez que les agens du gouvernement sont les mêmes qu'il a nommés après le 18 fructidor, & que les autres sont les élus du peuple en ses assemblées de l'an 6. Ces assemblées, il est vrai, n'ont pas offert les mêmes résultats que celles de l'an 4 et de l'an 5 ; vous ne sauriez en être fâché, puisque la République a vu rattachés à son char la plupart de ses vieux amis. *Suum cuique.*

Voilà en peu de mots les éclaircissemens que je vous aurais donnés si vous aviez bien voulu vous adresser à moi. Mais il n'était besoin pour cela, ni d'écrire, ni d'imprimer : une conférence fraternelle aurait pu calmer toutes vos peines.

Ceci m'amène naturellement à une réflexion : c'est que, depuis 89, une certaine classe de journaux ont voulu s'emparer exclusivement de quelques départemens méridionaux ; ils les ont regardés comme leur patrimoine. Dieu sait le bien qu'ils ont voulu leur faire ! Il serait facile d'en prendre une idée en jetant encore les yeux aujourd'hui sur les vieilles feuilles de l'*Indicateur*, de la *Gazette universelle*, et autres. Heureusement ils ne firent que passer. Le *Véridique*, le *Précurseur*, le *Nécessaire*, vinrent après...... ils passèrent aussi. Paix aux pauvres défunts....! Ils auront encore bien des compagnons d'infortune.

A Dieu ne plaise cependant que je trouve mauvaise, citoyen collègue, la publicité que vous donnez à tout ce qui blesse les lois et la constitution ! Cette publicité servira la patrie toutes les fois qu'on ne vous rendra pas l'organe du mensonge ou de la calomnie. Plus le mal sera généralement connu, et plus sûrement nous proposerons le remède. Mais pourquoi n'écriviez-vous pas aussi lorsque des excès bien plus atroces affligaient mon département ? pourquoi restiez-vous muet lorsqu'une vaste proscription planait sur tous les républicains ; lorsque la terre était tous les jours rougie de leur sang ; lorsque le vol, le brigandage et l'assassinat étaient les sinistres précurseurs de la royauté,

(4)

l'unique pâture d'une exécrable horde de cannibales ?
Vous étiez sans doute alors, comme vous l'annoncez
aujourd'hui, le protecteur, l'avocat né des opprimés
(car ce sentiment ne peut varier selon les circons-
tances), et vous n'avez pas dit un seul mot en leur
faveur ! Eh ! quelle époque pourtant de la révolution
offrit jamais plus d'opprimés et de victimes ? pourquoi
aussi êtes-vous resté muet aux approches de la contre-
révolution dont le 18 fructidor nous a sauvés ? vous ne
pouviez la révoquer en doute ; elle étoit flagrante ;
elle se faisait à vos côtés, peut-être même sur le banc
où vous siégiez, et vous vous êtes tû !!! Un grand cri
d'alarme fut poussé alors du sein du sénat, qui retentit
dans toute l'Europe. Nous n'avons pu distinguer votre
voix !!! C'était bien aussi le moment d'éveiller la
sollicitude du gouvernement sur ses dangers, sur l'état
affreux de l'intérieur, sur l'agonie de la liberté publique.
Elle fut sauvée ; sans doute, que si la feuille du *Bon
Citoyen* eût existée à cette époque, elle eût puissam-
ment contribué à la victoire.

Et tout récemment encore, pourquoi n'ave z-vous
pas parlé d'un assassinat, suivi de la mort, commis
sur un républicain d'Auriol ; d'un autre assassinat,
suivi de la mort, commis sur un brave officier, retiré
de l'armée à cause de ses blessures, et immolé dans sa
campagne, ainsi que son fils par les brigands royaux ?
Pourquoi n'avez vous pas parlé de l'enlèvement fait à
des gendarmes de deux égorgeurs fameux qu'on con-
duisait devant les tribunaux ; de l'arrestation de la
malle tout près d'Aix ; de l'assassinat de deux hussards
d'escorte et du postillon, de l'enlèvement de tout ce
qu'elle portait pour le gouvernement ; et de mille
actes de brigandages qui désolent les grandes routes
et les campagnes depuis le 18 fructidor ? En l'an 4,
lorsqu'il se commettait quelques crimes, c'étaient
toujours les *jacobins*, les *terroristes* qui les avaient
commis. Aura-t-on l'impudeur de leur adjuger encore
aujourd'hui la continuation de ces crimes ? Oui, les
républicains en étaient innocens alors comme ils le

furent depuis : le royaliste seul commit tous les forfaits qui affligent la terre.

Vous voyez donc, citoyen collègue, qu'on ne vous instruit pas de tout ; que votre correspondant Fauverge ne vous dit que ce qu'il veut, et qu'il vous fait mentir ainsi à votre propre maxime, à chacun le sien, *suum cuique*. Mais qu'il me soit permis de vous dire un mot sur ce directeur du jury : Le connaissez-vous bien ? avez-vous de sûrs garans de son civisme et de son impartialité ? Quant à moi, qui suis à-peu-près du même pays que lui, je vous déclare bien que ce ne sera jamais sur son attestation que j'irai donner des renseigemens au Directoire ; c'est lorsque la loi sur la forfaiture des juges sera rendue, cette loi attendue avec tant d'impatience par les républicains, et qui seule peut étouffer le germe contre révolutionnaire que la plupart des tribunaux portent encore au cœur, qu'il vous sera permis de bien apprécier ce magistrat. Au cri unanime qui s'élevera contre ses prévarications et ses principes, vous regretterez, je n'en doute pas, de l'avoir eu pour votre correspondant.

Au reste, citoyen collègue, plus le ministère que vous exercez en défendant les *opprimés* est auguste et saint, plus vous devez veiller à ce qu'on ne trompe votre religion. Avant de parler pour des hommes qui se disent opprimés, vous êtes-vous bien fait prouver qu'ils ne sont pas eux-mêmes de vieux *oppresseurs*, et qu'ils ne soupirent pas après le moment de le devenir encore ? N'auriez-vous point à gémir, si, après avoir dépouillé cet homme du titre intéressant dont il se couvre, vous ne trouviez plus en lui qu'un incurable ennemi de la patrie, qu'un prêtre turbulent, qu'un réacteur féroce, les mains encore teintes du sang de son frère ? Combien qui se prétendent opprimés, alors qu'ils sont seulement frappés par une loi juste et salutaire ! Si j'étois royaliste et que je ne pusse vivre que dans une république, je me croirois en état d'oppression permanente : s'ensuivroit-il de là qu'elle existât réellement ? Pourquoi les mêmes

(6)

Individus qui se disent aujoud'hui opprimés, n'élevaient - ils pas les mêmes plaintes lorsque le sang des patriotes ruisselait sous leurs yeux; lorsque chaque jour éclairait quelque nouveau forfait; lorsque les villes et les campagnes étaient veuves de républicains? Les opprimés! ah sans doute il en existe, mais ce ne sont pas toujours ceux qui en prennent le titre : je connais ici bon nombre de prétendus opprimés de nos départemens, qui crient à l'oppression en bien mangeant, bien buvant et bien se divertissant; ils crient aussi à la vertu et à l'innocence; et s'ils étaient traduits devant des tribunaux équitables, peut - être qu'on leur prouverait facilement que l'une et l'autre leur sont étrangères. Vous ne pourriez qu'être souvent trompé, citoyen collègue, si vous puisiez dans une pareille source vos nouvelles de l'intérieur, ou même quelques notes confidentielles.

Concluons de tout ceci que les pièces relatives à mon département, que vous avez citées dans vos nos. 18 et 21, peuvent mériter plus ou moins de créance suivant le caractère et la moralité de ceux qui les ont signées ou de ceux qui vous les font parvenir. Concluons que si quelqu'un est dans le cas de bien juger le mérite de ces pièces, ce sont les députés qui sont nés et qui vivent depuis la révolution dans le département dont elles émanent; concluons que préférer s'adresser à un député étranger plutôt qu'à leurs propres mandataires, c'est déjà de la part des réclamans une demarche ténébreuse, et qui n'est pas loin d'être suspecte. Celui qui ne dit que la vérité ne s'enveloppe pas du voile de l'obscurité, il se montre à nud. Concluons enfin que si votre médiation est aussi active envers votre département qu'elle l'est envers le nôtre, les patriotes du Gard doivent y bénir votre mémoire.

Je ne terminerai pas ces réflexions, citoyen collègue, sans vous témoigner mon entier assentiment sur les malheurs que vous prophétisez à ceux qui s'efforcent de tromper la confiance des hommes en place, et qui trompent réellement celle du peuple. Oui sans doute, un jour viendra où la République, majestueusement assise, pressant sur son sein les vieux compagnons de ses travaux, ses amis sincères et invariables, repoussera d'un bras de fer tous les sycophantes en révolution, qui n'ont emprunté le masque du patriotisme que pour mieux lui déchirer le sein, et la livrer sanglante à ses féroces ennemis. *Suum cuique.*

Salut fraternel,

PELLISSIER.

Paris, le 25 vendémiaire an 7.

RÉPONSE

Du citoyen RABAUT le jeune,

Rédacteur de la feuille du *Bon Citoyen*, et membre du Conseil des Anciens.

DE quoi vous plaignez-vous, citoyen Pellissier, et qu'y a-t-il de commun entre vous et ce que j'ai fait imprimer ? J'ai publié ce qui était déjà public ; des lettres adressées au conseil des Cinq-cents et au Directoire : pouvais-je penser que le citoyen Pellissier appellerait cela *fixer sur lui l'attention publique, l'attaquer comme Représentant ?* Indiquez-moi, citoyen Pellissier, les articles où il est question de vous, et si je vous ai manqué, je me rétracte ; car je ne veux pas sciemment avoir tort même avec mes ennemis.

Vous dites que *je vous ai diffamé comme administateur, et que j'ai demandé la destitution de l'administration centrale dont vous etiez membre.* Vous vous trompez encore sur ce point citoyen Pellissier ; j'ai dit que vous aviez été destitué, c'était la

A 4

vérité ; mais ce n'était pas *vous diffamer*. Car la destitution pouvait être injuste. Si je me suis étonné que vous fussiez encore dans les mêmes fonctions, c'est qu'il me paraissait naturel qu'avant de vous réintégrer on reconnût l'injustice de l'arrêté qui vous destituait, en le rapportant.

J'ai blâmé l'administration centrale des Bouches-du-Rhône d'avoir destitué les membres du bureau central de Marseille, parce que je ne connais aucun article de la constitution et des lois qui confèrent aux administrations centrales le droit de destituer les membres des bureaux centraux. Mais de tout ce que j'ai dit à ce sujet, il n'en faut pas conclure que j'aie demandé la destitution de l'administration centrale.

Il ne faut pas dire que le Directoire n'eut aucun égard à mes réclamations. *Je ne lui demandai rien à ce sujet.* On m'a attaqué, je me suis défendu, voilà tout. J'ai dit bien des vérités qui ont été perdues, malheureusement ce ne seront pas les dernières qui éprouveront le même sort ; mais cette infructueuse démarche ne me laisse que des regrets, elle ne me donne aucun remords.

Vous avez eu tort de penser que *le ton acerbe* de mon mémoire justificatif pouvait *faire assassiner votre chétive personne*. Il est un grand nombre d'aussi bons républicains que vous, qui ont trouvé, au contraire, le ton de *mon libelle* très-modéré, vu la gravité et la publicité des imputations qui m'étaient faites. Leur suffrage me console en partie de n'avoir pas obtenu le vôtre.

C'est avec aussi peu de raison que vous me reprochez de ne pas *borner ma surveillance à mon propre département* et de manquer *aux égards* que je dois à la députation dont vous êtes membre. D'abord je vous répète ce que je vous ai déjà dit ; *j'ai publié ce qui était public*. Quant à mes réflexions, sans afficher ni *septicisme* ni *modération*. J'ai dit tout naturellement ce que je pensais. *Sans doute que les députés de ce département ignorent les excès qu'on y exerce, et quels hommes on a appellé aux fonc-*

tions publiques. Y a-t-il dans ces expressions quelque chose d'offensant pour votre députation , et d'injurieux pour le Directoire ? N'arrive-t il pas tous les jours qu'on surprend la religion des députations et du Directoire ? Le dire est-ce les inculper ? La faute ne retombe-t-elle pas toute entière sur les personnes qui abusent de la confiance qu'ils inspirent ?

Où avez-vous trouvé, citoyen Pellissier, que j'exerce *ma surveillance* sur votre département, en publiant dans un journal ce qui est déjà public ? Mais puisque vous appellez cela surveillance , convenez du moins que tous les journaux l'exercent tous les jours sur tous les départemens.

Où avez vous trouvé une loi qui me défende de surveiller votre département ? J'ai toujours cru, d'après la constitution, que nous représentions non seulement notre département , mais la nation entière, et que sous ce rapport, notre sollicitude devait se porter sur tout ce qui intéresse les diverses parties de la République. Si je ne me suis pas trompé , vous ne pouvez pas considérer les affaires de votre département comme *votre chose propre* , et nous dire à tous , *suum cuique.* Nous sommes intéressés aussi à ce que les départemens qui environnent les nôtres jouissent de la tranquillité ; que les factions royaliste et anarchiste y soient comprimées , et que leurs principes liberticides ne se propagent pas.

Il est un autre cas où votre exclusive prétention deviendrait infiniment dangereuse et nuisible à l'intérêt des citoyens. Je suppose qu'il survienne une époque où une députation soit toute composée de royalistes ou d'anarchistes ; qu'ils aient tous été ou acteurs ou réacteurs ; que ces ennemis du gouvernement républicain eussent l'ambition de conserver l'autorité et de faire triompher leur faction ; ils parviendront à obtenir la confiance du Directoire ; ils feront nommer leurs créatures à toutes les places ; ils éloigneront la vérité ; ils répandront la terreur dans leur pays ; et les actes arbitraires et les crimes qui s'y commettront ne seront pas connus par les autorités suprêmes : elles ne pourront pas entendre la voix du timide laboureur, de l'artisan industrieux, de l'utile négociant, injustement incarcérés sous la ridicule dénomination *d'agens de Pitt*. Alors si quelque représentant, étranger à cette monstrueuse députation, veut publier tant de vexations, elle lui dira froidement : mêlez-vous de vos affaires, *suum cuique*. Il est rare, j'en conviens, qu'une députation soit ainsi composée ; mais cela peut arriver. La constitution et l'intérêt public repoussent donc votre exclusive prétention.

Vous me demandez pourquoi je n'écrivais pas, *lorsque des excès bien plus atroces affligeaient votre département ? etc.....* Pourquoi je suis *resté muet aux approches de la contre-révolution dont le 18 fructidor nous a sauvés ?..... Elle se faisait à vos côtés, peut-être même sur le banc où vous siégiez, et vous vous êtes tú !* me dites-vous.

Ces questions sont au moins déplacées dans votre bouche ou dans votre écrit ; vous, citoyen Pellissier, à qui je pourrais demander ce que vous faisiez dans la convention nationale, lorsqu'on y égorgeait vos collègues, sur les décrets d'accusation du corps dont vous étiez membre ; lorsque Roberspierre et ses satellites, auprès desquels vous aviez grand soin de vous asseoir, promulgaient ces lois révolutionnaires qui ont couvert la France de sang, de deuil et de terreur.

Ces questions m'ont été déjà faites avec la même déloyauté et j'y ai déjà répondu d'une manière victorieuse. Mais puisqu'il faut, comme vous, s'occuper plus des hommes que des choses, je vais vous répondre encore.

Sachez, qu'à l'époque où votre département était livré aux excès de la réaction, le mien en était exempt ; sachez, qu'à cette époque, j'étais commissaire du Directoire près l'administration centrale, et vous aussi, ou administrateur central ou commissaire.

Que j'ai de concert avec de bons administrateurs

et un bon tribunal criminel maintenu la tranquillité dans mon département.

Que vous n'avez pas eu le même succès ; que vous fûtes destitué, et que je ne le fus pas.

Qu'il n'y a pas eu de réaction dans mon département, quoique *l'action* y eût été très-cruelle. Que le vôtre a été le principal théâtre de *l'action*, pendant que vous étiez membre de la convention nationale, et de la *réaction*, pendant que vous étiez commissaire ou administrateur.

Qu'après avoir éprouvé les plus grands malheurs par l'effet de la tyrannie decemvirale, on m'a vu dans ma commune manger avec ceux qui avaient signé mon mandat d'arrêt et occasionné ma longue proscription. Que j'ai contribué à sauver de la mort ceux de mes ennemis qui avaient été les plus ardens à me poursuivre et qu'on avait inscrits sur une liste d'émigrés. Que j'ai reçu de ces braves républicains la récompense que je devois attendre d'eux, de nouvelles calomnies, de nouvelles inimitiés. Il faut cependant en convenir, ils m'ont rendu justice pendant un certain temps. Ils avouent même que j'ai travaillé à leur réunion avec les thermidoriens. Mais lorsque je me suis prononcé pour les éloigner des places qu'ils avaient jadis si mal remplies, c'est alors qu'ils m'ont déclaré, de leur autorité privée, un royaliste prononcé, un transfuge à la cause républicaine. Les insensés pouvaient-ils présumer que je balancerais entre l'intérêt public et leur intérêt particulier !

Mais revenons à la mémorable journée du 18 fructidor, au sujet de laquelle vous me faites de si loyales questions. J'ai voté pour la loi du 19 fructidor, parceque je l'ai crue, en mon ame et conscience, utile, indispensable ; je connais bien des personnes dont le républicanisme fait aujourd'hui grand bruit, qui ne lui ont pas donné leur assentiment, et vous reconnaissez, vous-même, pour républicains des hommes qui, avant le 18 fructidor, n'élevaient pas leur voix contre le parti abattu ce jour-là. Ce ne sont pas ceux qui ont, sans cesse, cette journée dans la bouche qui desirent le plus qu'elle fructifie *pour la République seule*. Pour moi, j'ai combattu les opinions qui m'ont paru erronées, lorsque j'ai cru pouvoir le faire avec avantage ; notamment la résolution sur les émigrés du Haut et Bas-Rhin, et celle sur l'organisation de la garde nationale ; mais quand j'aurais gardé le silence, faudrait-il en conclure que j'ai voté dans le sens des fructidorisés ? Nous connaissons bien, vous et moi, des républicains qui ont gardé le silence, et que nous n'inculpons pas. Quant à la place que j'occupais *peut-être* dites-vous auprès des conspirateurs, vous saviez bien que je la devais *au sort*. Celle que vous occupiez dans la salle de la convention était au contraire de votre choix, et ce choix aurait pû être meilleur.

Vous me reprochez encore de n'avoir pas parlé de plusieurs crimes commis dans votre département *par des royalistes*. Je pourrais aussi vous demander pourquoi vous appellez de *prétendus désordres* les crimes dénoncés par le directeur du jury de Tarascon ? Serait-ce parce qu'il n'en accuse pas les royalistes ? Mais parce-que je n'aurais pas connu les délits dont vous parlez, s'en suivra-t-il que je n'ai pas dû publier ceux qui étaient dénoncés à la tribune du corps législatif et au directoire par un fonctionnaire public en qui j'ai confiance ? Non sans doute. J'ai dit ce qui m'était démontré vrai ; j'ai tû ce qui pouvait être dénié, quoique me parvenant par des voies non suspectes. Je pourrais même, si des *conférences fraternelles* pouvaient avoir lieu entre nous, vous lire des lettres renfermant des détails très - affligeans, auxquelles par le même motif, je n'ai point donné de publicité. Je n'ai pas même voulu donner connaissance d'une certaine proclamation ultrà-révolutionnaire qui a été affichée à Marseille.

Mais venons aux questions que vous me faites sur le citoyen Fauverge, directeur du jury de Tarascon, que vous menacez de la loi future sur la forfaiture, comme si l'on n'avait pas déjà jugé des délits de ce genre, et que vous accusez de prévarication. C'est à lui à repousser l'attaque dirigée contre lui. Quant à moi, je n'ai pas dû présumer qu'un fonctionnaire public fût assez fou pour écrire au président du conseil des Cinq-cents et au Directoire exécutif des faits faux et calomnieux ; et j'ai dû naturellement penser que je pouvais publier des faits aussi authentiques. Je ne pouvais pas prévoir que cela vous fâcherait.

Permettez moi, citoyen Pellissier, à l'occasion de ce fonctionnaire public que vous inculpez si gravement, de vous faire sentir, combien dans une occasion pareille, serait dangereuse la prétention (que vous n'êtes pas seul à avoir) d'une surveillance exclusive sur le département qui vous a nommé.

Lorsque vous accusez ce fonctionnaire public d'être *un prêtre turbulent, un incurable ennemi de la patrie, un réacteur féroce*, si je vous disais, si un simple citoyen, étranger à votre département, vous disait : « on vous a donné d'injustes préventions sur ce citoyen » estimable. *Il n'a jamais été prêtre.* Il était homme » de loi, lorsqu'au commencement de la guerre, il » quitta son cabinet pour voler à la défense de la » patrie. Il mérita l'estime et la confiance de ses » camarades qui le nommèrent quartier-maître, et » lorsque rentré dans ses foyers avec des blessures » et des infirmités, ses concitoyens l'appellèrent aux » fonctions de juge, il les a remplies avec impar- » tialité et sans participer à la réaction ; » nous répondrez-vous alors *suum cuique*, ne surveillez pas mon département ?

Si lorsque vous l'accusez d'avoir *les mains teintes du sang de son frère*, moi, ou tout autre citoyen vous disions, cela est impossible, *il est fils unique* ; nous répondrez-vous *suum cuique*, ne surveillez pas mon département ?

Si lorsque vous le présentez à l'opinion publique sous d'aussi fausses et d'aussi odieuses couleurs, je vous disais que votre influence peut devenir funeste à un innocent contre qui vous provoquez la sévérité des lois, me répondrez-vous *suum cuique*, cette affaire n'est pas de votre département ? Qui de nous deux aurait tort, moi d'avoir osé le dire, vous de n'avoir pas voulu l'entendre ? Il sera toujours vrai que ce juge que vous accusez d'avoir été *prêtre turbulent* , était *homme de loi* ; que cet *incurable ennemi de la patrie* est un *défenseur de la patrie* ; que ce *réacteur féroce* est un *juge équitable et impartial* qui n'aime pas les coquins ; que cet homme *teint du sang de son frère* est fils unique. ! ! ! Je m'abstiens de toute reflexion.

Quant à cette Feuille du Bon Citoyen et à son *suum cuique* , dont vos desirs préjugent d'avance le sort futur , croyez que quelle destinée qui l'attende , on ne pourra pas lui reprocher d'avoir servi , ou le royalisme ou l'anarchie ; d'avoir entretenu les haines , les animosités , les vengeances. Cette feuille portera les couleurs nationales dans toute leur pureté. Le bleu ne sera pas *royal* , le rouge ne sera pas *couleur de sang* , le blanc sera toujours l'emblême de l'innocence. On peut , sans doute , exciter contre elle d'injustes préventions , calomnier même jusqu'aux intentions des rédacteurs. Cette tactique n'est pas nouvelle , et a eu souvent du succès. Mais si on la laisse vieillir assez pour lui donner le tems de se faire connaître , on se convaincra de la pureté des principes de ses rédacteurs. On les verra s'attacher à faire aimer le gouvernement républicain et la constitution de l'an 3; combattre les factions de toutes les couleurs ; inviter tous les Français à l'union et à la concorde , à faire respecter le *suum cuique* que vous paraissez relever avec un peu d'amertume , quoiqu'il soit la base fondamentale de toutes les sociétés.

J'aurais encore beaucoup de choses à relever dans vos deux mots , mais il faut conclure.

Il résulte de tout ce que nous avons dit l'un et l'autre , que vous vous êtes plus occupé des hommes que des choses.

Que vous n'avez pas prouvé la fausseté de faits avancés par le citoyen Fauverge , et le commissaire de Mausane , et que vous vous êtes renfermé dans de graves inculpations contre lui , et des plaintes amères contre moi.

Que vous avez réclamé , comme votre propriété ,

la surveillance de votre département, tandis que cette surveillance est la propriété de tous *les bons citoyens*, même de ceux qui ne sont ni représentans, ni journalistes.

Que j'ai répondu d'une manière satisfaisante à ces questions, concernant ma chétive personne, et vous ai appris ce que je faisais pendant la réaction, et avant le 18 fructidor.

Quant à moi, je vous dois des actions de graces de m'avoir fourni cette occasion de dissiper les préventions que vous pouviez avoir sur moi et sur mes principes. Par une inconcevable fatalité les hommes mêmes les plus estimables se laissent trop facilement prévenir, et sans prendre la peine de s'éclairer, ils croyent en aveugles, et deviennent souvent injustes. Je cherche à me préserver, autant qu'il est en moi, de cette erreur de l'esprit. Je vous invite à en faire autant.

Au reste, je m'inquiète peu, pour moi-même, de tous les traits que la malveillance peut diriger contre moi. J'ai des titres à la haine des royalistes et des anarchistes. J'ai donné des gages de mon attachement à la révolution. Mon intérêt et mes principes m'y attachent, et le juge le plus sévère que je puisse voir, ma conscience, ne me reproche rien. La fin de ma carrière ne sera point troublée par les remords déchirans. Le sang innocent ne s'élevera point contre moi ; et en jouissant de ce bien précieux, je pourrai me consoler de l'injustice des hommes, si je l'éprouve, et des adversités de la vie, si elles m'atteignent encore. On ne m'enlevera pas cette propriété, *suum cuique*.

RABAUT LE JEUNE.

Paris, 15 brumaire an 7.

De l'Imprimerie de P. HY, rue des Boucheries-Honoré, n°. 926.

www.ingramcontent.com/pod-product-compliance
Lightning Source LLC
Chambersburg PA
CBHW061718050726

47598CB00004B/1904